32871

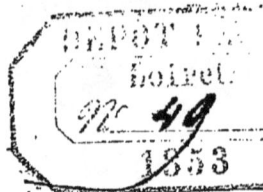

UN CHAPITRE

DE LOCK ET DE LEIBNITZ

SUR

L'ENTHOUSIASME.

c.

UN CHAPITRE

DE LOCKE ET DE LEIBNITZ

SUR

L'ENTHOUSIASME,

PAR M. DAMIRON,

LU A L'ACADÉMIE DES SCIENCES MORALES ET POLITIQUES.

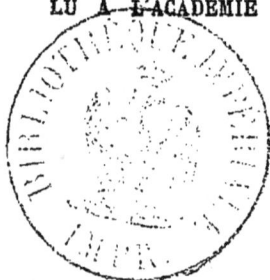

PARIS

CHEZ A. DURAND, 5, RUE DES GRÈS-SORBONNE,

PRÈS LE PANTHÉON.

1855

Orléans, imp. de Coignet-Darnault.

EXTRAIT DU COMPTE-RENDU
De l'Académie des sciences morales et politiques,
RÉDIGÉ PAR M. CHARLES VERGÉ,
Sous la direction de M. le Secrétaire perpétuel de l'Académie.

UN CHAPITRE

DE LOCKE ET DE LEIBNITZ

SUR L'ENTHOUSIASME,

PAR M. DAMIRON.

Je tire le sujet de cette lecture d'un travail sur Leibnitz, que je ne comptais pas communiquer à l'Académie.

Une longue et minutieuse étude des *nouveaux essais* de cet auteur ne saurait offrir en effet le genre d'intérêt que réclament nos séances.

J'ai toutefois essayé d'extraire du travail dont je viens de parler, un morceau qui se prête un peu mieux que d'autres à en être détaché. Il s'agit d'une question sur laquelle Leibnitz, qui en général ne s'accorde guère avec Locke, est ici à peu près de son sentiment : c'est celle de l'enthousiasme.

Leibnitz pense à cet égard peu autrement que son adversaire ; est-ce une raison pour croire que s'ils conviennent tous deux ainsi, c'est parce qu'ils sont dans le vrai ? On pourrait le supposer ; cependant on se tromperait, à mon sens du moins. Car ils ne me semblent s'entendre que pour méconnaître l'un et l'autre la nature de l'enthousiasme. On s'en convaincra, je pense, en lisant le chapitre

que chacun, de leur côté, ils ont consacré à ce sujet.
C'est ce qui m'a déterminé à y toucher après eux, et à en
présenter, s'il était possible, une explication plus satis-
faisante. Mais avant il ne sera peut-être pas inutile que je
rappelle en quelques mots ce que sont les *nouveaux essais*,
qui ont été pour moi l'occasion d'examiner aussi cette
matière.

Les *nouveaux essais* sont proprement une critique,
livre par livre, chapitre par chapitre, et on peut
le dire point par point, de l'Essai de Locke sur l'entende-
ment humain; c'est un long dialogue arrangé entre un
disciple ou, si l'on veut, un représentant de celui-ci et
Leibnitz lui-même, et conduit de manière à mettre suc-
cessivement en présence et aux prises, sur toutes les
questions de quelque intérêt, la doctrine des deux auteurs.
Leibnitz avait commencé cet examen par ce qu'il appelle
« quelques petites remarques qui lui échappèrent; » mais
il en vint ensuite, comme il le dit aussi, à des réflexions
plus étendues, et enfin, on l'apprend par deux de ses
lettres, ces réflexions se convertirent en une véritable
composition que nous avons sous le titre significatif
que l'on connaît. Il les avait écrites, ce sont ses termes,
fort à la hâte, *currente calamo*, le plus souvent en voyage,
et quand il était (en 1703), avec la cour de Hanôvre, à
une maison de plaisance, où des occupations de plus
de recherches lui étaient défendues, en y employant le
temps qui lui restait libre; et même cette manière d'y
travailler à plusieurs reprises et à bâtons rompus avait
fait qu'il avait eu besoin d'y retoucher en plusieurs en-
droits. (*Lettre à Barbeyrac.*)

Après nous avoir ainsi fait connaître son mode de
travail dans cet ouvrage, Leibnitz, dans une autre lettre,
indique quel a été son dessein :

« .... Je m'attache surtout, dit-il , à vindiquer l'im-
mortalité de l'âme , que M. Locke laisse douteuse. Je
justifie aussi les idées innées , et je montre que l'âme en
tire la perception de son propre fonds ; je justifie les
axiomes dont M. Locke méprise l'usage ; je montre,
contre le sentiment du même auteur, que l'individualité
de l'homme , qui le fait rester le même, consiste dans la
durée de la substance simple ou immatérielle , qui est en
lui ; que l'âme n'est jamais sans pensée ; qu'il n'y a point
de vide ni d'atomes ; que la matière ou ce qui est passif
ne saurait avoir la pensée, à moins que Dieu n'y ajoute
une substance qui pense ; et il y a une infinité d'autres
points où nous sommes différents, parce que je trouve
qu'il affaiblit trop cette philosophie générale des platoni-
ciens, que M. Descartes a relevée en partie, et qu'il met
à la place des sentiments qui nous abaissent et peuvent
faire du tort dans la morale, quoique je sois persuadé
que l'intention de cet auteur est fort bonne. »

« .... J'ai fait ces remarques à mes heures perdues,
quand j'étais en voyage ou à Herren-Hausen..... Cependant l'ouvrage n'a pas laissé de croître entre mes mains,
parce que je trouvais presque dans tous les chapitres de
quoi faire des animadversions. Vous serez étonné, Mon-
sieur, que je dise y avoir travaillé comme à un ouvrage
qui ne demandait guère de soin. Mais c'est parce que j'ai
tout réglé, il y a longtemps, sur ces matières , d'une
manière démonstrative, ou peu s'en faut. De sorte que je
n'ai presque pas besoin de nouvelles méditations là-dessus.
Ces remarques sont en français ; ...... je pense que si je
les avais mises en latin, elles ne seraient lues que des gens
de lettres , au lieu que le livre de M. Locke, depuis qu'on
l'a mis en français, se promène dans le grand monde hors
de l'Angleterre. »

Leibnitz ajoute que comme on le pressait de publier ses *nouveaux essais*, pour que Locke, qui était encore vivant, quoique fort âgé, put y répondre, qu'il ne le fit pas, d'abord pour ne pas avoir avec les Anglais une dispute de plus sur les bras; et que plus tard il ne le fit pas davantage, dégoûté, dit-il, de publier des réfutations d'auteurs morts, quoiqu'elles fussent composées pour paraître de leur vivant et leur être communiquées.

En effet il laissa les *nouveaux essais* parmi ses papiers et ils ne parurent qu'en 1769, par les soins de Raspe.

Maintenant que j'ai suffisamment indiqué l'occasion, l'origine, le mode de composition et l'esprit général de l'ouvrage de Leibnitz, j'arrive à l'opinion qu'il professe en commun avec Locke au sujet de l'enthousiasme.

Ni l'un ni l'autre ne lui sont favorables; Locke surtout lui est fort contraire; il ne voit dans ceux qui en sont ou s'en disent animés, que des imposteurs ou des visionnaires, et pour peu d'ailleurs, selon lui, que la mélancolie se mêle à la dévotion, et que l'estime qu'ils font d'eux-mêmes leur persuade qu'ils sont en une familiarité toute particulière avec Dieu, prévenus des conceptions les plus bizarres et les plus vaines, ils n'hésitent pas à les prendre pour des inspirations du Ciel, et à les faire suivre des actions les plus extravagantes et les plus folles. Cependant l'enthousiasme, qui n'est ni la raison, ni la révélation autorisée par les Ecritures, mais seulement l'imagination d'esprits échauffés et pleins d'eux-mêmes, quand il n'est pas un mensonge, ne saurait être légitimement un principe de croyance et de détermination : fausse lumière, feu follet, il n'y a nullement à s'y fier, soit pour la pensée soit pour l'action. Tel est, en substance, le sentiment de Locke.

Comme on le voit, il est assez dur. Celui de Leibnitz

l'est moins peut-être, mais sans être encore bien doux.
« L'enthousiasme, dit-il, était au commencement un bon
nom ; et comme le sophisme, dans l'origine, marquait
proprement un exercice de sagesse, l'enthousiasme si-
gnifiait qu'il y a une divinité en nous : *Est Deus in nobis.*

« Mais les hommes ayant consacré leurs fantaisies, leurs
songes, et jusqu'à leur fureur, il commença à exprimer
un déréglement de l'esprit ; c'était une sorte d'aliénation
dans les devins et les devineresses ; ce n'est pas quelque
chose de beaucoup mieux dans certains sectaires, comme
les trembleurs, avec leurs lumières qui ne font rien voir,
ou certaines personnes d'une imagination fort animée,
qui prennent cette agitation pour une inspiration du Ciel.
Antoinette de Bourignon, par exemple, se servait de sa
facilité de parler et d'écrire comme d'une preuve de sa
mission divine, et un autre visionnaire fondait la sienne
sur la faculté qu'il avait de parler et de prier tout haut,
pendant un jour entier, sans jamais s'arrêter, ni s'épui-
ser. Et quant à ces illusions se joint une certaine disposition à l'action, ce n'est pas sans danger : l'Angleterre en
est une preuve. Il est vrai que ces persuasions font quel-
quefois un bon effet, et servent à de grandes choses, car
Dieu peut faire tourner l'erreur au profit de la vérité. Cependant, il ne faut pas que jamais il y ait tromperie, parce
qu'il n'est pas permis d'user de fraudes, même pour une
bonne fin. » Ainsi pense Leibnitz, à quelques nuances
près, d'accord avec Locke.

Tous deux, par conséquent, jugent assez mal l'enthousiasme. Il est vrai que tel qu'ils l'entendent, tel qu'ils
croient le reconnaître dans certains déréglements de la
pensée, dont ils purent être les témoins, on s'explique
en quelque façon leur commune sévérité.

Le pays de chacun d'eux avait été fort agité par les

nouveautés religieuses ; l'Allemagne en avait été toute troublée pendant sa rude guerre de 30 ans, et l'Angleterre pendant sa violente et austère révolution ; les âmes fortement émues ne s'étaient pas toutes assez modérées, pour rester, dans leur entraînement, parfaitement fidèles soit à la pure raison, soit aux saintes Ecritures, et bon nombre s'étaient jetées en divers excès, dont les sages ne pouvaient s'empêcher de gémir ou de sourire. Or Locke et Leibnitz étaient de ces sages, et ils appréciaient comme ils devaient ce prétendu enthousiasme, qui au gré de l'illusion ou de l'ambition de chacun, multipliait l'inspiré, le prophète, et l'apôtre. Ils n'y voyaient qu'un abus de l'esprit de religion et ils le blâmaient à ce titre.

Cependant était-ce là bien apprécier l'enthousiasme? et à le prendre en lui-même, n'y a-t-il pas un meilleur compte à en rendre? n'y a-t-il pas une autre étude et une autre estime à en faire? Il n'y a, je crois, aucune témérité à l'affirmer, et c'est pourquoi je n'ai pas craint d'aborder à mon tour cette question délicate, pour en proposer une autre solution que celle de nos deux auteurs.

Qu'est-ce donc que l'enthousiasme? Sans vouloir d'abord, et avant toute analyse précisément le définir, on peut cependant dire qu'il est non pas telle ou telle de nos facultés prise à part, mais la rare et haute harmonie, mais le concours éclatant de nos diverses facultés, appliquées à un objet supérieur de pensée et d'amour.

Ainsi, il est la raison ; et comment ne la serait-il pas? Il n'est pas un mouvement aveugle et sans dessein ; il a, au contraire, toujours ses lumières singulières ; et il ne se déclare jamais, même chez des hommes peu cultivés, sans éclater par quelques traits de vive et haute intelligence.

Le fond de l'enthousiasme est la raison ; il est vrai que ce n'est pas la raison des sophistes, laquelle n'est bonne qu'à produire le doute et la faiblesse; mais c'est celle des grandes âmes, des nobles et fermes esprits, laquelle édifie au lieu de détruire, établit au lieu de ruiner, et, dans sa féconde et forte affirmation, a quelque chose de la création, puisque, au moins, dans l'ordre de la conscience, elle fait être ce qui n'était pas, porte la lumière où elle n'était pas, et, par une sorte de *fiat*, produit des vérités qui, faute d'être connues, étaient comme au néant et attendaient l'acte de la pensée pour paraître et venir au jour.

Mais il est autre chose encore, il est aussi l'amour. Pour qu'il ne le fût pas, il faudrait qu'il fût indifférent, sans passion, sans désir, qu'il se portât au vrai, au beau et au bien sans ardeur; qu'il s'approchât de Dieu sans brûler de la flamme sainte; qu'il fût, en un mot, l'enthousiasme, moins ce qui en fait la vraie vie : il faudrait qu'il ne fût pas l'enthousiasme.

L'amour lui est donc nécessaire; mais cependant il ne lui suffit pas, même réuni à la raison. La volonté lui est, en outre, essentielle.

Sans la volonté il ne serait pas une vertu, mais une nécessité; un mérite, mais un pur don; il resterait sans valeur morale. Or, s'il y a en lui de l'inspiration, il y a aussi de la conduite; s'il y a de Dieu, il y a aussi de l'homme. C'est une grâce du ciel, mais acceptée et fécondée par une volonté libre et réglée. L'enthousiasme renferme donc en lui toutes les facultés de l'âme humaine; mais avec ceci de particulier qu'il en est la grandeur.

La grandeur, en effet, voilà ce qui le distingue; grande raison, grand amour, grande force de vouloir, voilà ce qui le constitue. Grande raison, je ne dis pas pour tout également, mais certainement pour l'objet propre qui le ravit et le captive. Sous d'autres rapports, et pour d'autres vérités, auxquelles il ne s'applique pas, il peut être humble d'esprit, il peut être enfant, en quelque sorte, et montrer une innocence et une modestie de pensée qui lui prêtent même un certain charme, en mêlant heureusement à sa majesté naturelle je ne sais quelle facile et douce naïveté. Mais quant aux vérités qui le touchent et l'intéressent vivement, science ou sentiment, il en a une vue si large, si profonde et si originale, qu'il paraît le génie; du génie ou une grande idée, empreinte de nouveauté, et rendue fixe et durable, voilà le fond de l'enthousiasme.

On peut dire que, par suite, il est aussi un grand amour; la grandeur, en effet, passe de l'esprit dans le cœur, de la pensée dans la passion, et se fait voie dans toute l'âme. Or, un grand amour est celui qui, en rapport avec les choses vraiment aimables, avec celle surtout qui l'est infiniment, avec Dieu, le souverain bien, s'y attache d'une affection si puissante et si pure, qu'il devient, en se sanctifiant, une sorte de religion. Comment un tel sentiment pourrait-il manquer à l'enthousiasme? L'enthousiasme fait les saints, les héros, les poëtes : comment les ferait-il sans cette sublime aspiration? Du médiocre jamais ne naît que le médiocre; d'un faible et vague amour ne peuvent pas sortir ces nobles désirs, ces transports, ces joies célestes, et, s'il le faut aussi, ces tragiques douleurs, qui remplissent les destinées de ces âmes généreuses. Si elles ont tant d'élévation, c'est qu'elles ont un grand amour; si elles participent ainsi de Dieu, c'est à force d'adoration; elles n'auraient pas cette excellence, si elles n'avaient pas cette vive ardeur.

Grand en tout, l'enthousiasme l'est, par conséquent aussi, dans sa manière de vouloir; une rare force de volonté lui est certainement inhérente. S'il n'en était pas doué, il conserverait difficilement cette sérénité dans l'action qui forme un de ses caractères, et le rend imposant.

Il est bon qu'il soit possédé de l'objet auquel il se voue; c'est de là que lui viennent ses soudaines illuminations et ses vives aspirations, heureux débuts de sa grandeur; mais il est bon aussi qu'il se possède lui-même avec une virile énergie; autrement il ne répondrait pas à ce que Dieu a fait pour lui, il ne proportionnerait pas l'effort au don, la conduite à la grâce, et sa molle liberté trahirait une faiblesse indigne de sa haute et brillante origine.

Il n'y a d'enthousiasme accompli que l'enthousiasme qui veut et qui veut avec grandeur.

Qu'est-ce donc en soi que l'enthousiasme? Une harmonie de grandeurs, une grande pensée, un grand amour, servis par une grande volonté.

Mais, s'il est tel dans son essence, qu'est-il dans les principaux et les plus remarquables de ses caractères?

Avant tout, on peut dire qu'il aspire à se communiquer; c'est le mouvement d'une grande âme vers d'autres âmes, qu'elle recherche pour s'ouvrir et se donner à elles; c'est l'expansion et l'effusion mêmes. Si, parfois, il paraît d'abord concentré et secret, c'est pour se produire ensuite avec autant plus d'abandon; s'il commence par le recueillement, c'est pour finir par l'éclat.

Aussi la solitude ne lui est pas bonne; elle ne lui sert du moins que comme moyen de préparation. S'il y était à tout jamais condamné, il y périrait ou y dégénérerait en un sombre et farouche emportement, dont il ne serait pas impossible qu'un des funestes accidents fût la fureur avec la folie ; tant il est vrai qu'il a besoin de société et de commerce, tant il lui faut la foule pour bien se développer. Aussi son champ c'est le monde ; ce n'est que là qu'il a toute son action et toute son ampleur. Il faut à son ambition l'attrait de l'espace et le charme du grand nombre. On n'a pas Dieu en soi, sans en être agité, sans être, en quelque sorte, pressé de le porter hors de soi, de le donner comme on l'a reçu, de le répandre en quelque sorte partout où il y a des esprits pour le connaître, des cœurs pour l'aimer, des volontés pour le servir. *Est Deus in nobis,* Dieu n'est en nous que pour en sortir abondant et plein de grâce ; il ne nous choisit, dans son amour, comme ses vases d'élection que pour mieux s'épancher de notre âme dans d'autres âmes qui ont soif de ses bienfaits.

Expansif, l'enthousiasme n'a ce premier caractère qu'en le nuançant de deux autres, qui en sont une dépendance ; c'est-à-dire qu'il est, en outre, imposant et entraînant ; imposant, c'est sa grandeur, qui le fait tel à nos yeux, alors surtout qu'elle se déploie sans résistance et sans trouble, et qu'elle garde paisible et pure sa divine sérénité ; mais c'est sa grandeur encore qui le fait tel pour nous, quand, moins heureux et plus éprouvé, il se trouve condamné aux travaux de la lutte ; car, il ne s'abaisse pas pour combattre ; il s'élève bien plutôt, et ce qu'il perd d'une part en calme et en noble simplicité, il le gagne de l'autre en brillante énergie ; à peu près comme un fleuve qui, majestueux dans la facilité et la paix de ses ondes, ne cesse pas de l'être lorsque soudain, arrêté par un obstacle imprévu, il soulève ses flots, et l'emporte au loin, triomphant et vainqueur. De même l'enthousiasme ; les difficultés l'émeuvent mais ne le troublent pas, et surtout ne l'abattent pas.

Mais il n'a pas seulement pour lui le souverain com-
mandement, il a aussi l'entraînement; il a tout le charme
attaché à la grandeur pure et sans détour. Sincère et noble en ses fins, généreux et droit dans ses démarches, il
est impossible qu'il ne touche pas les âmes auxquelles il
s'adresse, et qu'après les avoir d'abord subjuguées et sou-
mises, il ne se les gagne pas ensuite, et ne se les concilie
pas par une sorte de sainte et irrésistible séduction. C'est
toute la force d'une religion régnant, à la fois, sur les
cœurs par la douceur et par l'autorité, par l'attrait de la
bonté, comme par l'impression du respect.

Tels sont quelques-uns des traits qui caractérisent l'enthousiasme.

Cependant, ce n'est pas tout : il a besoin, pour agir et
se produire au dehors, de se servir du corps. Comment
s'en sert-il ? Par quels phénomènes s'y manifeste-t-il ?
C'est ce qu'il faut aussi considérer.

Et d'abord, il le rend singulièrement expressif; front,
regard, air de visage, geste, attitude, simples mouvements, il n'est rien qu'il n'atteigne, ne pénètre, ne trans-
forme, n'enlève, en quelque sorte, à la matière, pour le
donner à l'esprit. Il remplit tout de sa présence; il rayonne
et brille partout. Tous ces organes qui d'eux-mêmes ne
signifient bien que la vie, mais qui, sous une vive impression morale, finissent par représenter l'âme elle-même
avec ses facultés, ici, grâce à l'excitation toute particulière qu'ils reçoivent, deviennent, en quelque sorte, élo-
quents, et parlent avec grandeur des grandes choses dont
ils sont pleins. L'enthousiasme leur prête cette admirable
propriété.

Mais il leur en prête une autre encore, peut-être plus
merveilleuse. Dans ses moments surtout de plus vive ani-
mation ne va-t-il pas jusqu'à en retirer, ou du moins à y

suspendre cette sensibilité défaillante qui les rend sujets
au besoin, à la fatigue et à la maladie, pour y mettre en
place cette vigueur, et, si j'ose le dire, cette santé spiri-
tuelle, qui leur permet de supporter des privations, des
travaux et des souffrances inouïs ? Il les arme contre tous
les maux ; il les arme contre la mort même. Oui, je ne
crains pas de trop m'avancer en affirmant que, dans certains cas, il les préserve de la mort : c'est lorsque, par
exemple, parmi les misères de la guerre, il y étouffe par
l'intrépidité, l'espérance et la ferme confiance, les prin-
cipes délétères que la peur, le découragement et l'abandon de soi-même, y eussent inévitablement développés ;
il les dispute et les soustrait alors aux atteintes mortelles
d'une nature ennemie, et, pour un temps du moins, les
maintient valides et sains. Il ne faut pas ignorer ou révo-
quer en doute ces miracles d'une hygiène qui n'a rien de
matériel, et dont l'enthousiasme a en lui-même la singu-
lière vertu ; autrement, on ne s'expliquerait pas le héros,
le martyr, tous ces hommes de foi, qui, dans leur ardente
dévotion au souverain objet de leur pensée, de leur amour
et de leur volonté, résistent d'une manière on pourrait
dire surnaturelle à des douleurs physiques sous lesquelles
eût infailliblement succombé et péri la vulgaire humanité.
Aussi, vivre alors n'est plus chose si médiocre ; c'est le
signe et l'effet d'une rare grandeur d'âme ; c'est plus que
de la tempérance, c'est presque de la vaillance ; c'est une
éclatante victoire de l'esprit sur la matière, au moyen
d'une sainte énergie morale.

A ce titre, mais avec les réserves qu'il convient toujours d'apporter à de telles assertions, on peut dire que,
dans certaines situations, l'enthousiasme est au corps
comme le pain et le vin, comme le soleil et la lumière,
qu'il lui vaut nourriture, chaleur et mouvement, et qu'à

la lettre et sans figure il le soutient, le rétablit, l'affermit et le sauve.

De cette forte action vitale, à celle par laquelle il prend en quelque sorte possession de la nature, et la traite en souverain, il y a la plus étroite liaison. Aussi on comprend bien, d'après ce qui vient d'être dit, les merveilles qu'il opère au sein de l'ordre matériel. A un certain moment de l'histoire, et dans l'impatience qu'il éprouve des limites et des obstacles, trop à l'étroit dans l'ancien monde, il lui en faut un nouveau ; et ce nouveau monde est trouvé. Désert, il est peuplé, sauvage, il est cultivé. Toute une civilisation y est transportée. C'est toute une création qui double le théâtre de sa puissance.

Si la foi remue les montagnes, l'enthousiasme ne fait pas moins, et on peut affirmer avec vérité qu'il n'est point de difficultés si hautes qu'elles paraissent, qu'il n'aborde et ne surmonte, dont il ne triomphe heureusement. Il y a deux choses que Dieu semblait avoir faites à tout jamais, l'une trop grande et l'autre trop petite au gré de nos désirs : l'espace et la durée. L'enthousiasme, à l'aide de l'industrie qu'il s'associe et gouverne, entreprend, dans une mesure qu'on ne saurait assigner, sur l'étendue de l'un et la brièveté de l'autre, de manière à nous les rendre de moins en moins incommodes et sensibles. En tout, son action est considérable sur la nature.

Et d'autre part il a ses instants, j'oserai dire, de sublime abstraction, où il semble n'en plus dépendre et y rester étranger ou indifférent. C'est ce qu'expriment des paroles qui ne sont pas d'un rêveur et d'un mystique, mais d'un des esprits les plus sobres, les plus sagement dogmatiques, je veux parler de Bossuet. Bossuet s'exprime ainsi au sujet de ces grands détachements de l'enthousiasme :

« ..... Nous avons quelque expérience de cette vie, lorsque quelque vérité illustre nous apparaît, et que, contemplant la nature, nous admirons la sagesse qui a tout fait dans un si bel ordre. Là, nous goûtons un plaisir si pur, que tout autre ne nous paraît rien à comparaison. C'est ce plaisir qui a transporté les philosophes, et qui leur a fait souhaiter que la nature n'eût donné aux hommes aucunes voluptés sensuelles, parce que ces voluptés troublent en nous le plaisir de la volonté toute pure. Qui voit Pythagore, ravi d'avoir trouvé les proportions des carrés des côtés d'un certain triangle avec le carré de sa base, sacrifier une hécatombe en actions de grâces; qui voit Archimède, attentif à quelque nouvelle découverte, en oublier le boire et le manger; qui voit Platon célébrer la félicité de ceux qui contemplent le beau et le bon premièrement dans les arts, secondement dans la nature et enfin dans leur source et leur principe, qui est Dieu; qui voit Aristote louer ces heureux moments où l'âme n'est possédée que de l'intelligence de la vérité et juger une belle vie digne d'être éternelle, d'être la vie de Dieu; mais qui voit les saints tellement ravis de ce divin exercice de connaître, d'aimer et de louer Dieu, qu'ils ne le quittent jamais, et qu'ils éteignent, pour le continuer durant tout le cours de leur vie, tous les désirs sensuels; qui voit, dis-je, toutes ces choses, reconnaît dans les opérations intellectuelles un principe et un exercice de vie éternellement heureuse. »

Oserai-je ajouter, après ces paroles de Bossuet, que le poète aussi, mais le poète généreux et bien inspiré, s'inquiète assez peu, dans son facile désintéressement, des choses de la terre. Que lui fait, par exemple, son humble et pauvre demeure? N'a-t-il pas, pour l'orner, l'agrandir, s'en former un palais, que dis-je un palais,

un temple, un lieu sacré, ces merveilleuses images dont
abonde son génie? et que lui seraient auprès de ces pa-
rures, de ces trésors de son âme, ces statues, ces tableaux,
ces galeries, ce vain faste, toute cette magnificence, que
pourrait lui donner l'or, mais où manquerait l'esprit?
nous avons tous en nous un monde de notre choix, que
nous sommes prêts à porter, à répandre dans l'autre, pour
en couvrir les imperfections, les infirmités et les laideurs;
mais dans ceux-là surtout que l'enthousiasme visite, il
perce avec éclat ses voiles mystérieux, resplendit et s'épa-
nouit riche de beautés ineffables; et c'est alors merveille
de voir comment tout cet idéal, comment ce ciel, ce
soleil, cette terre de nos rêves, se mêlent, pour l'effacer
ou la corriger, à cette triste réalité, que nous avons sous
les yeux. Et ce n'est pas seulement l'enthousiasme de la
pure pensée qui a une telle puissance; celui de l'action
l'a également : suivez en effet les héros au milieu de leurs
épreuves; prennent-ils grand souci des choses de la nature,
et sont-ils fort touchés de ce qu'ils en possèdent ou de
ce qui leur en manque? Il en est un qui remplit encore
toutes les mémoires de son souvenir : c'est le plus moderne
et le nôtre, celui qui est à la fois le grand capitaine et le
grand politique de notre temps : Napoléon! S'il eut mal-
heureusement la faiblesse de la guerre, il en eut aussi,
et avant tout, le noble enthousiasme; et il l'eut tour à
tour heureux et plein d'allégresse, c'était quand il rêvait,
et réalisait comme il rêvait, la conquête des Etats; ou
triste et chargé de deuil, c'était quand il était réduit à
défendre, presque sans espoir, notre pays envahi. Eh
bien! dans ces grandes journées où, s'enivrant d'ambition
comme d'autres de poudre et de bruit, il était de toute
âme, de tout son puissant génie, à ce terrible jeu des
batailles, que lui faisaient, pour s'abriter, se nourrir et

se vêtir, le palais ou la chaumière, les mets recherchés du riche ou le pain du paysan, la pourpre de l'empereur ou le manteau du soldat! Il avait bien autre chose en tête, comme on dit familièrement; il avait le sort d'un peuple, d'un principe, d'une idée, à décider par les armes. Que lui faisaient même, dans leur poésie, ces campagnes d'un aspect ou sévère ou riant, ces montagnes, ces vallées, ces plaines, ces fleuves et ces bois, et tous ces lieux souvent pleins d'admirables beautés! Il n'y voyait que des accidents contraires ou favorables à l'ordre de ses conseils, et comme des points de l'échiquier sur lequel était engagée la fortune militaire et politique de ses desseins. Et ces braves à sa suite, bourgeois hier, aujourd'hui soldats, et soldats de bonne sorte, qui les transformait ainsi, et les rendait d'aussi vaillants hommes contre la faim et la soif, contre le froid et le chaud, que contre l'ennemi en armes? L'enthousiasme, qu'ils apportaient ou qu'ils recevaient au camp, et qui, après leur avoir élevé l'âme, leur trempait le corps, comme du fer contre tous les besoins.

Voilà dans quels rapports nous place l'enthousiasme avec le monde matériel.

Il ne fait pas moins quant au monde moral.

Ainsi, de même que dans ses élans divins il entraîne souvent l'âme bien loin de cette terre, de même, et par l'effet d'une non moins forte abstraction, il la tire aussi en l'élevant hors de la société des hommes, et lui en fait chercher ailleurs une autre plus parfaite, où elle soit mieux selon ses vœux. Oui, il y a de ces communions, par la foi et l'espérance, des élus d'ici-bas avec ceux d'un autre ordre, qui rompent, au moins pour un moment, leurs liaisons terrestres, et leur donnent au ciel une famille, une cité, une patrie idéales. C'est là qu'ils vont

porter et comme mettre en dépôt leurs idées les plus
chères, leurs plus saintes croyances, leurs secrets les plus
doux; et quand cessent pour eux ces mystérieux com-
merces, ils n'en reviennent pas moins bons à leur condi-
tion ordinaire; ils en reviennent, au contraire, meilleurs
et plus parfaits; ils rapportent de ces divines et sublimes
régions je ne sais quoi de plus serein, de plus calme et de
plus pur, qui leur manquait auparavant. C'était dans un
état d'affliction, de découragement et de dégoût, qu'ils
avaient quitté, pour se consoler, la terre pour le ciel; c'est
dans une disposition opposée, c'est dans un sentiment pro-
fond de paix et de confiance, qu'ils laissent à son tour le ciel
pour la terre. Ils ne sauraient que gagner à ces pieuses et
poétiques migrations de leur âme.

Après avoir dans ce qui précède suffisamment parlé de
l'enthousiasme en lui-même, je dois maintenant dire un
mot de l'objet auquel il se rapporte.

Cet objet, quel est-il? une grande et sainte chose,
puisqu'il y a tant d'élévation et de pureté dans le mouvement qu'il excite, puisque ce sont de telles pensées, de
telles amours, de telles volontés qu'il détermine dans
l'âme; une grande et sainte chose qui n'est autre que la
vérité, la beauté, la bonté, la souveraine perfection, et
pour tout dire, Dieu lui-même, considéré soit dans son
essence absolue, soit dans les plus excellentes et les plus
exquises de ses œuvres. *Est Deus in nobis*, c'est Dieu qui
est en nous le père de l'enthousiasme, qui en est le principe et l'objet à la fois.

Mais pour qu'il le soit, il ne faut pas qu'il demeure le
Dieu voilé et comme retiré dans les ténèbres de son être;
le Dieu qui ne nous est rien, ne se communique à nous
par rien, et ne se fait ni connaître, ni aimer, ni servir.
Non, il faut que ce soit le Dieu de lumière et d'amour,

de puissance et de vie ; le Dieu qui, par sa vérité, sa beauté et sa sainteté, suscite et développe en nous ces grandes pensées, ces grandes émotions et ces grandes volontés, l'honneur de l'humanité. Autrement point d'enthousiasme, s'il est vrai que l'enthousiasme soit une manière de s'unir à Dieu, non pour s'y abîmer et s'y perdre, mais pour y puiser, au contraire, une nouvelle énergie. Le Dieu qui lui convient ne peut donc pas être ce fond vague de l'être qu'on est réduit à appeler *l'un*, parce qu'on n'en peut rien dire de plus, et qui est, en effet, comme s'il n'était pas, tant il est vain et indéterminé. C'est un tout autre principe ; c'est un Dieu fait pour l'homme.

Mais, si c'est un Dieu fait pour l'homme, ce n'est pas pour cela un Dieu fait comme l'homme ; ce n'est pas une idole de notre façon et à notre image. Pour une idole, il y a fanatisme et superstition ; il n'y a pas enthousiasme. Ne donnez pas l'homme à l'homme comme suprême objet de religion et de culte, si vous voulez exciter en lui ce noble et saint mouvement de l'âme. Où il faut Dieu, ne mettez pas l'homme ; mettez Dieu, le vrai Dieu, celui-là seul qui possède et peut seul communiquer l'esprit de vie, de sagesse, d'amour et de vertu.

Le vrai Dieu, qui n'est ni l'infini fait comme le néant, ni l'infini fait comme le fini, mais qui est l'infini dans sa vérité, sa beauté et sa sainteté, l'infini dans sa pureté et sa force à la fois : voilà quel est précisément l'objet de l'enthousiasme.

Ainsi, il n'y a d'enthousiasme que pour les grandes et saintes choses, et par-dessus tout, pour celle qui les fait grandes et saintes par elle-même. L'enthousiasme pour un homme, pour une institution, pour une cause, ne se rapporte, dans cet homme, cette institution et cette cause, qu'à ce qu'ils renferment véritablement d'idéal et de divin.

Il y aurait maintenant plus d'une question particulière à se poser au sujet de l'enthousiasme, mais comme elles ont pour la plupart implicitement leur solution dans les remarques qui précèdent, je me bornerai à en toucher rapidement quelques-unes.

Ainsi par exemple y a-t-il des temps particulièrement plus favorables à l'enthousiasme ? On ne peut guère en douter, en jetant les yeux sur l'histoire. Partout où à une certaine époque, quelque grande vérité, quelque pure beauté, quelque sublime et saint devoir, ont touché et captivé les âmes, l'enthousiasme s'est vu, prêt à produire ses miracles de foi, d'amour et de vertu ; partout où se sont rencontrés de grands cœurs pour de grandes choses à croire, à admirer ou à faire, l'enthousiasme s'est déclaré, a eu son heure, son moment, sa puissante impulsion. L'Inde, la Judée, la Grèce et Rome en leurs beaux jours, en témoignent hautement. Je n'insiste pas sur les exemples. Quant aux lieux, n'en est-il pas aussi, qui plus que d'autres soient propres à produire, toujours il est vrai avec le concours des causes spirituelles et morales, le développement de l'enthousiasme? Quoique à cet égard il soit difficile de rien dire de bien précis, on peut cependant affirmer qu'en général, les contrées au doux soleil, à la limpide lumière, aux séduisants aspects, aux faciles et longs loisirs, sont plus faits pour favoriser l'enthousiasme contemplatif ; et que d'autre part, les régions au ciel sévère et âpre, à l'apparence sauvage et sombre, conviennent mieux à l'enthousiasme énergique et actif. On peut ajouter qu'il est aussi des spectacles de la nature qui produisent plus particulièrement en nous ces impressions de grandeur à la suite desquelles notre âme émue s'élève à

Dieu avec transport. Ainsi, l'immensité des mers, la profondeur des bois, la vaste étendue des plaines, la majesté des fleuves, la sublime hauteur des monts, et, parmi tous ces objets, le repos plein d'harmonie, ou l'action imposante des forces de la nature, occupent rarement nos yeux, sans que quelque grand mouvement d'adoration et de prière ne s'élève dans notre cœur vers celui qui, dans sa majesté, tient toutes ces merveilles en ses mains.

Il y aurait peut-être aussi quelques observations à présenter au sujet des personnes qui sont le plus généralement capables d'enthousiasme, et ce ne serait pas une étude sans intérêt et sans fruit que de rechercher quelles sont les conditions de sexe, d'âge, de tempéramment, etc., qui sont les plus convenables à cette disposition de l'esprit.

Les femmes, par exemple, ne manquent-elles pas en général de l'énergie nécessaire à ces puissants élans de l'âme, qui ne vont guère sans quelque chose de sérieusement viril ? N'ont-elles pas une tendresse et une retenue de sentiments qui y répugnent et s'y opposent ? Tout cet éclat ne leur messied-il pas ? Et quand, par exception, elles ont assez de la *femme forte* pour recevoir et supporter ces impressions supérieures de la divinité, n'est-ce pas alors même à ce qu'il y a de moins véhément et plus doux parmi ces mouvements qu'elles se livrent de préférence ? N'est-ce pas plutôt à l'enthousiasme poétique et religieux qu'elles sont accessibles ? Combien peu sont vraiment faites pour ressentir l'enthousiasme politique et militaire, pour en avoir le don, les qualités et les vertus ? C'est qu'en effet telle n'est pas leur mission sur cette terre ; elles en ont une autre, assez belle et assez laborieuse encore, celle de s'associer par la grâce et la délicatesse de leur âme à toutes les grandes choses qui se tentent parmi nous, et d'y apporter leur part de dévouements modestes, d'hum-

bles et pieux sacrifices, de suaves mérites : c'est celle de
servir, avec une douceur de cœur dont elles ont seules le
secret, à toute cette partie du gouvernement de la Provi-
dence, dans laquelle il semble qu'elle déploie une sollici-
tude, des soins et une tendresse de mère ; leur exquise
nature leur assure ce ministère : il est assez juste et assez
conséquent qu'elles n'en aient pas en même temps un
autre.

Il est également rare qu'un pur et véritable enthousiasme vienne à des hommes incultes et privés de lumières. Il n'y a pas d'enthousiasme sans une grande
pensée, et point de grande pensée sans une certaine poli-
tesse d'esprit et de mœurs. Le barbare et le sauvage peuvent sans doute avoir d'instinct une vive énergie d'intelligence ; mais faute d'un certain recueillement, ils n'ont
pas la méditation, et sans la méditation, point réellement
d'enthousiasme. L'enthousiasme, il ne faut point l'oublier,
est sérieux de sa nature ; or il ne l'est pas sans quelque
degré de réflexion ou de contemplation ; et contempler,
réfléchir, si peu qu'on s'y applique, c'est déjà vivre de
cette vie d'étude et de loisir qui n'appartient guère aux
âges d'une société peu cultivée ; et ce qui est vrai d'un
des éléments essentiels de l'enthousiasme, la pensée, l'est
également des deux autres, de l'amour et de la volonté. Ils
n'ont pas en effet, et ils ne sauraient avoir leur pureté et
leur grandeur là où ils se trouveraient engagés dans des
passions brutales et de grossiers penchants. Ce n'est pas en
nous l'animal, mais l'homme, et l'homme même élevé à
un degré de distinction peu ordinaire, qui s'unit dignement à Dieu par le cœur et la volonté aussi bien que
par l'intelligence.

Mais l'enthousiasme ne souffre pas moins d'un excès
que de l'autre, et s'il ne prend guère naissance dans les

âmes sans culture, il se développe moins encore dans celles que les raffinements et les subtilités de la raison, les molles délicatesses du sentiment, les habitudes de puériles et vaines volontés ont affaiblies et énervées. Ne cherchez pas aux temps de décadence intellectuelle, de corruption morale, d'abaissement des caractères, ces vives et généreuses aspirations qui s'adressent à tout ce qu'il y a de plus pur et de plus haut dans le vrai, le beau, l'honnête et le bien, vous ne les y trouveriez pas, vous ne les y trouveriez du moins que par rares exceptions, et par suite sans sympathie, sans faveur, sans publique adhésion. Il faut d'autres temps et d'autres cœurs pour ces nobles mouvements, et ce n'est bien que dans une certaine jeunesse et une certaine culture des nations, ce n'est qu'au sein d'une société, qui n'en est ni aux infinités de son berceau, ni aux épuisements de sa décrépitude, que des esprits d'élite, sérieux et ardents tout ensemble, graves et prompts à la fois, élevés, bien animés, peuvent, selon leur vocation, enfanter le héros, le poète et le saint, éprouver et exprimer dignement l'enthousiasme.

J'ai analysé, décrit, et autant qu'il m'a été possible expliqué l'enthousiasme, il ne me reste, pour finir, qu'à le distinguer de ce qui n'est pas lui.

Je ne le distinguerai que de deux autres états avec lesquels, par méprise, on pourrait le confondre : le fanatisme et le mysticisme.

Comparé au fanatisme sous les points de vue principaux que nous avons examinés, il offre avec lui, sous quelques apparentes ressemblances, de très-réelles différences.

Ainsi, sans doute, le fanatisme est aussi un développement extraordinaire de la pensée, de l'amour et de la volonté, qui a même, si l'on veut, jusqu'à un certain point, sa grandeur ; qui a son élan, son énergie, sa puissance de se communiquer, de s'imposer et d'entraîner ; qui a une forte action extérieure et sensible ; qui a son dieu, sa vérité, sa beauté et son bien, et qui, sous tous ces rapports, peut être assurément mis en parallèle avec l'enthousiasme.

Mais ce ne sont cependant là que de vaines et superficielles similitudes. Il a sa grandeur sans doute, mais quelle grandeur ? et comment ? Dans le faux et dans l'excès. Pensée, amour, vouloir, rien n'est en lui selon l'ordre, et il s'échappe incessamment en idées, en passions et en résolutions déréglées. Il a sa puissance, sans contredit ; mais quelle puissance ? De la fureur plus que de la force, de l'emportement plus que de l'élan ; il a son dieu, mais quel dieu ? Le dieu de l'erreur et du mensonge.

Dans l'enthousiasme, c'est Dieu, Dieu en vérité et en esprit, qui est en nous par sa pure et vive impression ; dans le fanatisme, ce n'est plus Dieu, c'est son apparence matérielle, c'est le temple, c'est la pierre. L'enthousiasme s'attache et se donne à Dieu ; le fanatisme à son ombre, à son fantôme. C'est de Dieu que l'un est possédé ; c'est d'un mauvais génie que l'est l'autre. La différence est frappante.

Quant au mysticisme, c'est de même un état extraordinaire de l'âme, dans lequel sont aussi mises en jeu avec une certaine grandeur nos différentes facultés. Mais tandis que dans l'enthousiasme tout tend à l'éclat et à l'action, dans le mysticisme, au contraire, tout aspire à l'ombre et au repos, l'intelligence en s'éteignant, l'amour en s'abîmant, la volonté en s'abandonnant. Le propre de l'un est de mettre énergiquement la personne en saillie ; celui de l'autre, de l'effacer, de l'abolir et de la perdre. Aussi le premier fait les grands hommes ; le second ne fait que des hommes à part, et bons pour la solitude beaucoup plus que pour le monde. L'enthousiasme est créateur; le mysticisme serait plutôt destructeur. Il ne se contente pas d'enlever l'âme à la vie des sens et de l'imagination; il l'enlève même à celle de la conscience et de la raison, pour la réduire à l'extase, et par l'extase au néant.

Comme l'enthousiasme, il a de l'élan vers Dieu; mais ce n'est pas pour y chercher, y prendre force et puissance, et revenir à sa tâche plus ferme et mieux inspiré : c'est pour y trouver quiétude. Et à quel dieu fait-il ainsi ce sacrifice de lui-même? Au dieu caché et comme perdu dans les ténèbres de son être, au dieu dont on ne sait plus ce qu'il est, tant il est difficile d'en affirmer quoique ce soit; tandis que le Dieu de l'enthousiasme est resplendissant de lumière et de vérité, sinon, sans doute, en son fond, du moins dans ses plus manifestes et ses plus éclatants attributs. De là le mouvement de l'enthousiasme, qui est une aspiration à Dieu, pour se remplir de son esprit, s'en pénétrer, en abonder, et le répandre ensuite avec effusion hors de soi; et, par opposition, celui du mysticisme, qui est une façon d'aller à Dieu, pour n'en pas revenir, et s'y ensevelir jusqu'au néant. De là, par une double conséquence, l'énergie, l'effort, la lutte, le triomphe, qui caractérisent le premier; l'inaction, l'indifférence, l'acquiescence, la paix absolue, qui se marquent dans le second. Par la même raison aussi s'explique au sein du monde la diversité d'attitude et de rôle de l'un et de l'autre. Le mysticisme ne vit que solitaire et retiré; ses lieux sont les oratoires, les cloîtres et le désert. L'enthousiasme a un autre théâtre : c'est la place publique, le champ de bataille, tout espace où se réunit, se presse et s'agite le grand nombre; c'est là qu'il gagne les âmes en foule, et les forme en sociétés promptes et dociles à sa voix. Le mysticisme n'attire, ou pour mieux dire ne laisse venir à lui, que quelques rares esprits, que séduit cet étrange enchantement d'un repos sans conscience et sans retour à l'action. Il se voit des armées, des peuples d'enthousiastes ; il ne s'en voit point de mystiques.

L'enthousiasme remue, possède et mène le monde. Le mysticisme le laisse aller, bon tout au plus à recueillir quelques âmes tendres et abandonnées, mais non à animer, à conduire et à multiplier celles qui demandent à concourir avec constance et courage à quelque haute et sainte mission. C'est là le propre de l'enthousiasme, toujours si puissant pour l'association et l'impulsion, toujours si fécond en grands desseins à communiquer et à faire accepter à ses partisans empressés.

Enfin il n'y a pas jusqu'à la manière dont l'un et l'autre agissent sur les organes qui ne donne lieu entre eux à une sensible différence.

L'enthousiasme y porte une activité et une vigueur singulières ; il les anime de pensée, d'amour et de volonté ; il leur est comme une force qui, pour venir de l'âme, n'en a pas moins vertu, de même que la nature, pour les exciter, les soutenir et les vivifier.

Le mysticisme ne les traite pas ainsi. Au lieu de les fortifier, il les débilite ; au lieu de les affermir, il les relâche, les amollit, les amortit ; il n'en a que faire, et il n'en fait rien ; c'est tout au plus s'il les laisse faire : ce sont pour lui des obstacles, et non des instruments. Il les aime mieux, de peur de trouble, sans exercice et sans ressort, qu'actifs et énergiques. Pour l'enthousiasme, ce sont d'utiles et efficaces auxiliaires qu'il se plaît à posséder et à mettre en jeu avec empire. Il jouit du corps pour ses fins. Pour ses fins, au contraire, le mysticisme en souffre : l'un se l'assimile et s'en sert le plus qu'il peut, selon ses vues; l'autre voudrait s'en passer, et ne travaille qu'à s'en séparer. Sous ce rapport comme sous les autres, l'un est un principe de vie, l'autre n'en est un que de langueur. Rien ne se ressemble moins que l'ascétisme énervant de celui-ci et la forte tempérance qui procède de celui-là.

Tels sont entre eux, d'une part, le fanatisme et le mysticisme, et, de l'autre, l'enthousiasme.

Maintenant je n'ai plus qu'à conclure, et je le ferai en deux mots : ayant à juger, tel que je l'ai rapporté en commençant, le sentiment de Locke et de Leibnitz, au sujet de l'enthousiasme, je le partage assurément en tout ce qui regarde le fanatisme et le faux zèle religieux. Mais je ne vais pas plus loin, et quoi qu'ils en aient dit, l'enthousiasme reste pour moi un bon nom couvrant une bonne chose, ou mieux encore un beau nom attaché à une belle chose.

Orléans, imp. de Coignet-Darnault.

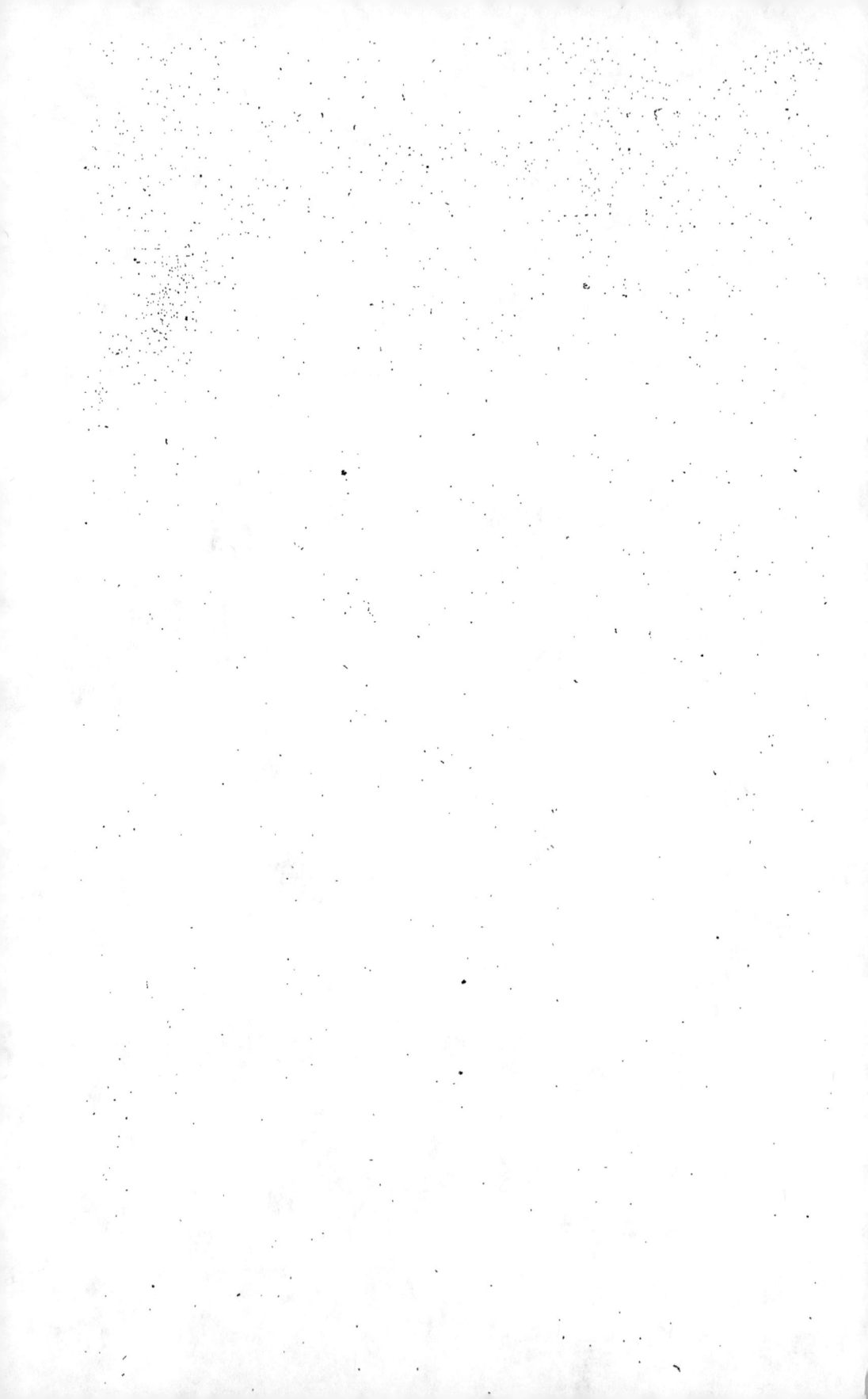

www.ingramcontent.com/pod-product-compliance
Lightning Source LLC
Chambersburg PA
CBHW060813280326
41934CB00010B/2673